Liebe Eltern,

wir wollen Ihr Kind beim Lesenlernen unterstützen, und zwar mit spannenden und lustigen Geschichten.

Unsere Bücher mit der liebenswerten Bildermaus begleiten Ihren Sohn oder Ihre Tochter durch die Vorschule. Sie enthalten kurze Geschichten mit einfachen Sätzen sowie großer und leicht lesbarer Schrift. Hauptwörter werden durch kleine Bilder ersetzt. Lesen Sie die Geschichten vor und lassen Sie Ihr Kind die Bilder selbst benennen. Am Ende jeder Geschichte finden Sie eine Bild-Wörterliste mit den einzelnen Bedeutungen. Viele bunte Illustrationen sorgen außerdem für Lesepausen und helfen, die Geschichte zu verstehen.

So wird der Spaß am Lesen geweckt, und Ihr Kind wird ganz nebenbei von der Bildermaus zum echten Leselöwen!

Ihre

Bildermaus

Die schönsten
BilderMaus
Geschichten zum Lesenlernen

Von besten Freunden

www.bildermaus.de

ISBN 978-3-7432-0538-3
1. Auflage 2020
© 2020 Loewe Verlag GmbH, Bindlach
Inhalte aus Einzelausgaben der Reihe *Bildermaus*
© 1996–2016 Loewe Verlag GmbH, Bindlach
Umschlagillustration: Elli Bruder
Umschlaggestaltung: Kathrin Tobian
Printed in EU

www.loewe-verlag.de

Inhalt

Neue Freunde

Das  Max ist neu auf

dem  . Schulte

führt Max herum, damit er

alles kennenlernt.

Die  strahlt vom ,

und das auf der

schmeckt total lecker.

Trotzdem ist Max traurig.

„Was ist los mit dir, Max?", fragen

die anderen  auf der .

„Gefällt es dir nicht bei uns?"

„Doch, schon", schnaubt Max leise.

„Aber ich vermisse die .

Hier ist alles so flach, da kann

man gar nicht weit gucken. Vorher

konnte ich von den  aus

sogar das 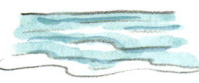 sehen."

„ haben wir hier leider

nicht", sagt Milli, ein besonders

zotteliges  . „Dafür haben wir

schöne  und einen großen

mit  und  ."

„Toll", sagt Max. Aber richtig froh

macht ihn das auch nicht.

Abends kehren alle  von

der  in den  zurück.

Milli kann nicht einschlafen.

Auch  zählen hilft nicht.

Milli muss immerzu an Max denken.

„Was kann ich tun, damit Max wieder

glücklich wird?", überlegt Milli.

Als der  über dem steht,

trippelt sie leise hinaus.

Morgens lockt Milli Max in

die  . Dort lagert  Schulte

das  . Milli klettert auf

die dicken  aus  .

Bis unter das  zur  .

„So einen hohen  aus

hab ich noch nie gesehen!",

wiehert Max begeistert, als er

oben ankommt. „Ich kann ja bis

zum  gucken!" Jetzt ist Max

doch froh, dass er mit Milli und den

anderen  auf dem

wohnt.

Die Wörter zu den Bildern:

 Pony

 Meer

 Ponyhof

 Bäume

 Bauer

 See

 Sonne

 Enten

 Himmel

 Fische

 Gras

 Stall

 Weide

 Schafe

 Berge

 Mond

 Scheune

 Dach

 Stroh

 Dachluke

 Würfel

Peter Pandabär

Elfriede ist mächtig aufgeregt.

Immerzu schielt sie zu Peter.

Der sitzt alleine unter dem  .

Die anderen  nennen ihn

Peter  . Wegen seiner

runden . Alle anderen

haben spitze   .

Doch  Elfriede findet Peter

wunderschön. Viel schöner als

alle  , oder .

Und am allerschönsten findet

sie seine .

Wenn sie die sieht, muss sie

immer an  und denken.

Lecker! Elfriede fasst sich ein

und saust zum  .

„Hallo, Peter!", sagt sie und lässt

sich aufs plumpsen.

Peter schaut die kleine

neugierig an. Seine  leuchten

wie zwei  . „Ich hab was

für dich", sagt Elfriede und holt

ein 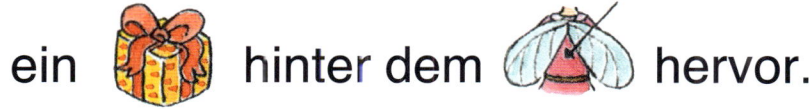 hinter dem 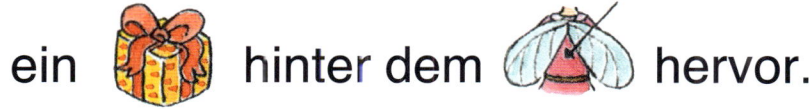 hervor.

Peter macht große  .

„Oh,  ?", fragt er.

Elfriede nickt. „Mit 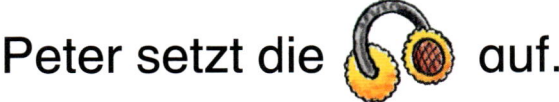 drin.

Hab ich selbst reingezaubert."

Peter setzt die 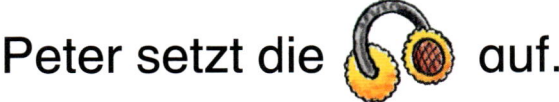 auf.

„Schön warm und schön laut",

findet er. Die kleine  strahlt.

„Und schön rund wie deine !"

Peter grinst. „Wollen wir

die  teilen?"

Er stülpt Elfriede den rechten

über und sich selbst den linken. Wie

zwei  kleben sie  an

zusammen. Die anderen

staunen  . Doch Elfriede und

Peter sehen sie nicht. Sie haben

die zu, träumen und sitzen unter

dem , bis die untergeht.

Die Wörter zu den Bildern:

 Fliegenpilz

 Bonbons

 Elfen

 Herz

 Pandabär

 Moos

  Ohren

 Kirschen

 Prinzen

 Geschenk

 Fußballer

 Rücken

 Sänger

 Augen

 Lollis

 Ohren-schützer

 Radio

 Sonne

 Bauklötze

Ein neuer Freund

Tamino ist ein  . Ein sehr

hungriger  . Sein  ist leer

und knurrt wie ein  . Er braucht

schnell etwas zwischen seine  !

Da stolpert er über eine  und

fällt in ein  mit großen  ,

das vor ihm auf dem  liegt.

So ein  ! Er reibt sich das  .

Dann beschnuppert er die  .

Auf einem bildet sich ein in

der  . Neugierig steckt Tamino

eine in den . Der wird größer.

Aufgeregt rollt der  das

hin und her. „Was soll das?",

ruft da jemand. Tamino hält inne.

„Bin ich ein  ? Hör sofort damit

auf, sonst rappelt's im  !"

Der  staunt  . Seit wann

können  sprechen? Das

zittert und knackt. Eine  quetscht

sich aus dem  . Und, *ploppknirsch*,

ein kleiner  !

„Was soll das?", schimpft der .

„Hast du noch alle  am  ?"

Tamino schluckt. „Ich bin über

das   gestolpert. Du siehst

lecker – äh, ich meine lustig aus."

Der  tobt. „Lecker? Bin ich

vielleicht eine  oder ein  ?

Nein, ich bin Oskar, ein  ."

Jetzt wird Tamino auch wütend. Er

fletscht die  und brüllt so laut,

dass der  wackelt.

Oskar stehen alle  zu  .

„Gut, ich hab's kapiert. Du bist der

gefährlichste  . Geh doch

nicht gleich hoch wie eine  !"

Der  überlegt. Dann sagt er:

„Aber wenn du schon mal hier bist:

Wir zwei  könnten doch

zusammen um die  ziehen!"

Der  muss nicht lange

darüber nachdenken.

Aufgeregt ruft er: „Bei meinen

spitzen  ! Das machen wir.

Wer zuerst beim  ist, hat

gewonnen!"

Die Wörter zu den Bildern:

 Tyrannosaurus Rex

 Mist

 Bauch

 Knie

 Säbelzahntiger

 Riss

 Zähne

 Eierschale

 Wurzel

 Kralle

 Nest

 Karusell

 Eier

 Karton

 Weg

 Bauklötze

 Maiasaura

 Berg

 Fuß

 Rakete

 Pizza

 Dinos

 Lutscher

 Höhlen

 Boden

 Wald

 Schuppen

Flieg, kleiner Marienkäfer!

Die  klatscht in die

und ruft: „Packt eure  !

Wir turnen heute." „Hurra!", rufen

die  . In der  gibt

es große  und ein 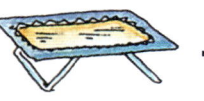 .

Schon übt Felix einen  und

Fanny hüpft auf dem großen  .

Die größeren  springen

vom 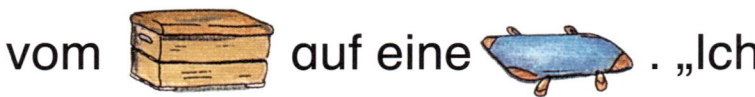 auf eine . „Ich

auch", kräht die kleine Marie.

Jan hilft Marie auf den  .

„Spring!", ruft er. „Spring!", rufen

die anderen  Marie zu.

Marie knabbert an ihren  .

Der 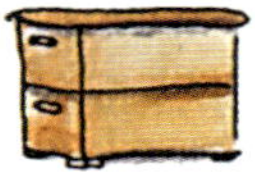  ist sehr hoch. „Willst

du runter, Marie?", fragt die  .

Marie schüttelt den  .

Aber sie springt nicht. Da bilden

die  einen großen ◯ .

Alle strecken die  aus.

„Flieg, kleiner 🐞 !", ruft die 🧍.

Marie lacht und springt.

„Ist ja einfach", sagt sie dann.

Schnell steht das  wieder

auf und klettert auf den  .

Die Wörter zu den Bildern:

 Erzieherin

 Kasten

 Hände

 Matte

 Rucksäcke

 Finger

 Kinder

 Kopf

 Turnhalle

 Kreis

 Bälle

 Arme

 Trampolin

 Marienkäfer

 Handstand

 Mädchen

Aus heiterem Himmel

Marie arbeitet im  .

Sie hat ihr eigenes  .

In Maries  wachsen ,

viele  , und .

Plötzlich legt Marie den

weg. Da bewegt sich etwas hinter

der  . Eine kleine !

Sie ist schwarz wie ein   .

„Wie kommst du denn in

unseren  ?", fragt Marie.

Die kleine  miaut leise.

Vorsichtig streckt Marie die

nach ihr aus. Die kleine

erschrickt und versteckt sich hinter

der . Marie kniet im .

„Möchtest du   haben?",

fragt sie. Die kleine  miaut

noch einmal. Langsam steht Marie

auf. „Lauf aber bitte nicht weg!",

sagt sie zu der  . Marie geht

ins  und holt etwas  .

Mit einer vollen   kommt sie

in den  zurück. Die kleine

schwarze  ist noch da.

Sie sitzt auf Maries  und

spielt mit einer  .

Marie stellt die ins  .

Die kleine  schleicht sich an.

Sie schnuppert an der  .

Dann schlabbert sie mit ihrer

rosa  die ganze  leer.

Ihre  sind von der

ganz weiß geworden. Mama und

Papa kommen in den  .

„Darf ich die  behalten?",

fragt Marie. „Nur, wenn sie

niemandem gehört", sagt Mama.

Dann krault sie die kleine

hinter den  . Auch Papa ist

einverstanden. Und weil die kleine

schwarze  mit ihren weißen

so lustig aussieht, weiß Marie

auch schon, wie sie heißen soll:

Milchbart.

Die Wörter zu den Bildern:

 Garten

 Katze

 Beet

 Rabe

 Blumen

 Hand

 Karotten

 Schubkarre

 Radieschen

 Gras

 Zwiebeln

 Milch

 Spaten

 Haus

 Gießkanne

 Tasse

 Zunge  Ohren

 Barthaare

Die Schlucht

„Aaah, Oskar, gib mir deine  !",

schreit Tamino, der  . „Ich kann

mich nicht mehr am  halten!" Mit

großen 👁 👁 schaut Oskar, der  ,

in die  hinunter. Eigentlich

wollten sie nur testen, wer schneller

über die  rennen kann.

Doch Tamino hat den großen

im   übersehen. „Warte",

stammelt Oskar verzweifelt. „Ich

hol ein  !" Schnell wie

der  saust er davon.

Jetzt ist Tamino allein. Dicke

kullern über seine  . Da taucht

plötzlich eine riesige  über

ihm auf. „Oh nein! Jetzt lande ich

auch noch im 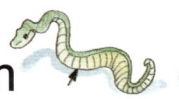 einer  !!!",

jammert Tamino.

Doch dann hört er den  : „Das

ist keine  ! Das ist der

eines  . Pack zu!" Der

schwenkt seinen  hin und her.

Tamino bekommt ihn mit einer

zu fassen. Der  biegt

seinen  zu einem großen U.

Tamino zieht sich hoch und sitzt

nun wie auf einer  .

Als er an der  der

ankommt, grinst ihn der  an.

„Wenn du mal wieder schaukeln

willst, musst du nicht erst in eine

tiefe  fallen."

Die Wörter zu den Bildern:

 Hand

 Boden

 Tyrannosaurus Rex

 Seil

 Ast

 Wind

  Augen

 Tränen

 Maiasaura

 Wange

 Schlucht

 Schlange

 Wiese

 Bauch

 Spalt

 Schwanz

 Titanosaurus

 Kante

 Schaukel

Feen-Pusteblumen

Die kleine  Xenia flattert

aufgeregt mit ihren . „Kommst

du mit  pusten?", fragt sie.

„Au ja!", ruft Kira. Schnell fliegen

sie in den  vom  .

Natürlich ist der  verzaubert.

Nur nachts gibt es  .

Tags scheint immer die  .

Und  und gibt es hier nie!

Fröhlich tanzen Xenia und Kira

zwischen und hin und

her und suchen .

Kira und Xenia pflücken beide

voll. „Wollen wir los?", fragt Kira.

„Na klar!", lacht Xenia. Schon

fliegen die  zum

in die . Heimlich pusten

die  dort ihre .

Aus den  wachsen sogleich

neue . Und die sind für die .

Marie springt von der  und

pflückt gleich eine . Nanu?

Kaum pustet sie, hat sie plötzlich

ein neues  an!

Und als Leon pustet, hat er auf

einmal eine große  in der  .

Die beiden 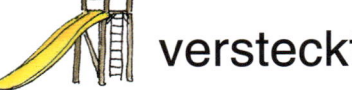 haben sich hinter

der ![Rutsche] versteckt. Sie kichern

glücklich.

Denn immer, wenn  eine der

verzauberten  pusten und sich

dabei etwas wünschen, wird alles

erfüllt. Egal was! Ob  ,

oder ![chocolate] , die nie alle wird!

„Wenn du ein  wärst", fragt

Xenia auf dem  zurück, „was

würdest du dir wünschen?" Kira

flattert fröhlich mit den  .

„Eine kleine  vom  zu

sein!", sagt sie und lacht.

Die Wörter zu den Bildern:

 Fee

 Eis

 Flügel

 Tulpen

 Pusteblumen

 Osterglocken

 Garten

 Hände

 Feenschloss

 Spielplatz

 Regen

 Stadt

 Sonne

 Samen

 Schnee

 Kinder

 Schaukel

 Puppenwagen

 Kleid

 Fahrrad

 Eistüte

 Schokolade

 Rutsche

 Weg

Ein harter Winter

Matti und Finja liegen dicht

nebeneinander auf der  .

Auch alle anderen  liegen

hier. Die  steht hoch am  .

Aber ihre  sind nicht warm

genug. Dickes  liegt auf dem

kalten .

Mattis  knurrt. „Wann gibt es

endlich wieder ?" Sein Vater

stöhnt. „Das ist zu dick. Wir

können kein hineinbohren.

Und von selbst kommen die

nicht auf das gesprungen."

Finja stupst den kleinen  an.

„Mach nicht so ein trauriges  ",

ermuntert sie Matti. „Lass uns doch

zur  im  gehen und

spielen!" Matti nickt müde.

Weil das  gefroren ist, können

sie auf ihren  zum

rutschen. Aber die  des

liegt auch unter dem dicken  !

So kommen sie nicht hinein.

„Hier oben ist es ein bisschen zu

hell, um  zu spielen", sagt

Matti. Mit knurrendem  findet

er alles blöd. „Dann spielen wir

eben  !", ruft Finja lachend.

„Du musst mich fangen!"

Schon watschelt sie auf ihren

los. Matti muss jetzt auch lachen.

Finja ist einfach ein toller  !

So schnell wie ein ⚡ flitzt Matti

hinter ihr her.

„Hab dich!", ruft der kleine  .

Er klatscht ihr mit seiner  auf

den  und Finja fällt in einen

großen  aus . „Aua!", ruft

sie verdutzt. „Da ist was im  !"

Gespannt graben die beiden mit

ihren   im  . Vielleicht ist

dort ein kostbarer  versteckt?

Mit wertvollen    ? Oder mit

bunten   ?

Da zieht Finja mit ihrem

ein  aus dem . Und

darin sind … drei bunte  !

„Das ist ja gar kein  “, murmelt

Matti enttäuscht.

Finja schüttelt den Kopf. „Nein, viel

besser!" Sie wühlt mit ihrer

im  und stupst die  aufs

Eis. „Jetzt ist uns

wenigstens nicht mehr langweilig!"

Die Wörter zu den Bildern:

 Eisscholle

 Fische

 Seehunde

 Loch

 Sonne

 Gesicht

 Himmel

 Höhle

 Strahlen

 Eisberg

 Eis

 Gespenst

 Wasser

 Flossen

 Bauch

 Eisbär

 Blitz

 Edelsteine

 Rücken

 Maul

 Berg

 Netz

 Schnee

 Bälle

 Schatz

 Schnauze

  Münzen

Freunde fürs Leben

Mia hüpft aufgeregt von einem

aufs andere. Heute kommt ihr ,

das sie sich so gewünscht hat! Mia

steht vor dem  neben Sara, der

der  gehört. Auf einmal biegt

ein  mit einem  um

die  . „Da sind sie ja!", ruft Sara.

„Warte hier, Mia, wir laden das

aus und bringen es in seine  .

Es muss sich ausruhen." Mias

pocht ganz schnell, als das

kleine  mit dem seidigen

weißen  an ihr vorbeigeführt wird.

Es ist noch sehr jung und

nur 1 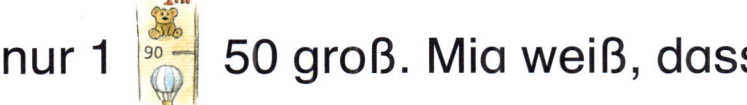 50 groß. Mia weiß, dass

es zu den kleinsten  der

zählt. „Geh erst morgen rein, es ist

noch unruhig", meint Sara, als sie

den  verlässt und zur  läuft.

Doch als Sara weg ist, geht Mia

heimlich in den  . Vorsichtig

nähert sie sich der  . Das

kleine  wirft aufgeregt den

hin und her. Mia kramt eine

aus ihrer  .

„Hallo, ich bin Mia", sagt sie leise und

schiebt dabei langsam den an

der  zurück. Aufmerksam sieht

das  Mia in die . Es ist

ganz ruhig. Mia hält ihm die  hin.

Behutsam knabbert das

daran. Mia streicht ihm mit der

anderen  über die weiche  .

Plötzlich tritt Sara in die  .

Mia erschrickt.

„Du konntest es nicht abwarten, hm?",

fragt Sara. „Aber dein  hat dich

ja schon in sein ♥ geschlossen."

Das hebt den  und

wiehert zustimmend. „Wie soll es

denn heißen?", fragt Sara.

Mia überlegt. „Es ist so weiß und

weich wie eine  – es soll

Wölkchen heißen!" Das kleine

senkt den  und stupst Mia an.

„Du bist das süßeste

der  !", flüstert sie Wölkchen

glücklich ins  .

Die Wörter zu den Bildern:

 Bein

 Herz

 Pferd

 Fell

 Stall

 Meter

 Reiterhof

 Welt

 Auto

 Reithalle

 Pferdean-
hänger

 Kopf

 Ecke

 Karotte

 Box

 Hosentasche

 Riegel

 Nase

 Augen

 Wolke

 Hand

 Ohr

Ungeheuerlich

Die kleine  Nicky lässt sich

auf dem  treiben. Über ihr

kreist ein . Die ☼ scheint.

Im 🌾 quaken die 🐸 und

die 🦆 schnattern. Kommt da

jemand? Tatsächlich. Nicky sieht

viele  und eine 🧍 .

Sie stellen ihre  ins .

Ein 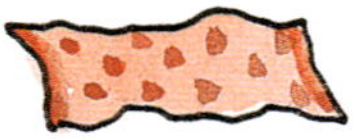  wird neben das

andere gelegt. Die  spannt

einen riesigen  auf.

Die Kinder haben alle

und  an. „Springt nicht

kopfüber vom ", mahnt die .

„Der   ist hier sehr flach."

Nicky versteckt sich hinter ein

paar  . „Wer zuerst drin ist,

hat gewonnen!", ruft ein  .

„Wenn ich du wäre, würde ich nicht

reingehen", sagt ein .

„Im  lebt ein grausiger  .

Der fängt kleine  und legt sie

in 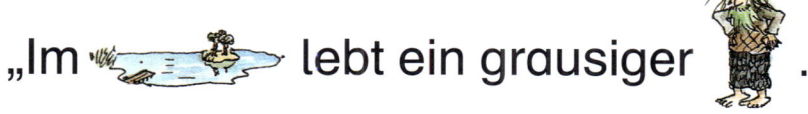 “, flüstert er geheimnisvoll.

Das  erschrickt.

Der 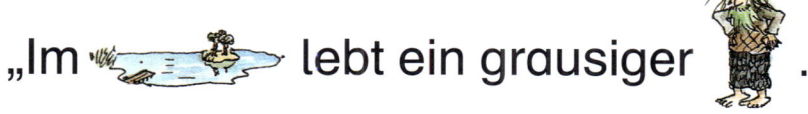 lacht es aus und

hüpft platschend in den  .

Die kleine  findet das

gemein. Sie hängt sich  über

den  und schwimmt prustend

und schnaubend auf den  zu.

„Ich bin der grausige  und

suche einen kleinen  ", sagt sie.

Der schreit auf und flieht. Die

kleine  zieht sich kichernd

die  vom  .

„Wir  müssen doch

zusammenhalten!", ruft sie

dem  zu. Und schon ist

sie wieder verschwunden.

Die Wörter zu den Bildern:

 Meerjungfrau

 Frau

 Wasser

 Rucksäcke

 Vogel

 Gras

 Sonne

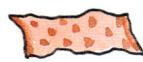 Handtuch

 Schilf

 Sonnenschirm

 Frösche

 Badehosen

 Enten

 Badeanzüge

 Kinder

 Steg

 See

 Wassermann

 Seerosen

 Ketten

 Mädchen

 Kopf

 Junge

Quellenverzeichnis

S. 8–17
Christina Koenig, *Neue Freunde*,
aus: dies., Bildermaus – Geschichten
vom Ponyhof,
farbig illustriert von Katharina Wieker.
© 2004 Loewe Verlag GmbH, Bindlach

S. 18–27
Franziska Gehm, *Peter Pandabär*,
aus: dies., Bildermaus – Geschichten
von der kleinen Elfe,
farbig illustriert von Elke Broska.
© 2007, 2016 Loewe Verlag GmbH,
Bindlach

S. 28–38
Volker Gerner, *Ein neuer Freund*,
aus: ders., Bildermaus – Geschichten
vom Tyrannosaurus Rex,
farbig illustriert von Poul Dohle.
© 2013 Loewe Verlag GmbH, Bindlach

S. 39–45
Katja Reider, *Flieg, kleiner Marienkäfer'*,
aus: dies., Bildermaus – Kleine
Geschichten aus dem Kindergarten,
farbig illustriert von Julia Ginsbach.
© 2000 Loewe Verlag GmbH, Bindlach

S. 46–55
Werner Färber, *Aus heiterem Himmel*,
aus: ders., Bildermaus – Geschichten
von der kleinen Katze,
farbig illustriert von Dorothea Ackroyd.
© 1996, 2005 Loewe Verlag GmbH,
Bindlach

S. 56–63
Volker Gerner, *Die Schlucht*,
aus: ders., Bildermaus – Geschichten
vom Tyrannosaurus Rex,
farbig illustriert von Poul Dohle.
© 2013 Loewe Verlag GmbH, Bindlach

S. 64–72
Julia Boehme, *Feen-Pusteblumen*,
aus: dies., Bildermaus – Geschichten
vom Feenschloss,
farbig illustriert von Julia Ginsbach.
© 2010 Loewe Verlag GmbH, Bindlach

S. 73–84
THiLO, *Ein harter Winter*,
aus: ders., Bildermaus – Geschichten
vom Seehund Matti,
farbig illustriert von Dorothea Ackroyd.
© 2012 Loewe Verlag GmbH, Bindlach

S. 85–94
Amelie Benn, *Freunde fürs Leben*,
aus: dies., Bildermaus –
Pferdegeschichten,
farbig illustriert von Alexander Bux.
© 2016 Loewe Verlag GmbH, Bindlach

S. 95–104
Werner Färber, *Ungeheuerlich*,
aus: ders., Bildermaus – Geschichten
von der kleinen Meerjungfrau,
farbig illustriert von Julia Ginsbach.
© 1998, 2007 Loewe Verlag GmbH,
Bindlach

Noch mehr Lesespaß!

ISBN 978-3-7855-8967-0

ISBN 978-3-7855-8954-0

ISBN 978-3-7855-8950-2

ISBN 978-3-7855-8961-8

Noch mehr Lesespaß!

ISBN 978-3-7432-0143-9

ISBN 978-3-7432-0132-3

ISBN 978-3-7432-0134-7

ISBN 978-3-7432-0135-4

Loewe
Das will ich lesen!

Noch mehr Lesespaß!

ISBN 978-3-7432-0285-6

ISBN 978-3-7432-0294-8

ISBN 978-3-7432-0254-2

ISBN 978-3-7432-0293-1

Noch mehr Lesespaß!

ISBN 978-3-7432-0515-4

ISBN 978-3-7432-0514-7

ISBN 978-3-7432-0502-4

ISBN 978-3-7432-0513-0

Loewe
Das will ich lesen!